BEI GRIN MACHT SICH IHR
WISSEN BEZAHLT

- Wir veröffentlichen Ihre Hausarbeit,
  Bachelor- und Masterarbeit

- Ihr eigenes eBook und Buch -
  weltweit in allen wichtigen Shops

- Verdienen Sie an jedem Verkauf

Jetzt bei www.GRIN.com hochladen
und kostenlos publizieren

Laura Baier

Das Argument der Geschichte. Überlegungen zum gegenwärtigen Standort der Geschichtswissenschaft von Lothar Gall

GRIN Verlag

Bibliografische Information der Deutschen Nationalbibliothek:

Die Deutsche Bibliothek verzeichnet diese Publikation in der Deutschen National-
bibliografie; detaillierte bibliografische Daten sind im Internet über http://dnb.d-
nb.de/ abrufbar.

Impressum:

Copyright © 2012 GRIN Verlag GmbH
Druck und Bindung: Books on Demand GmbH, Norderstedt Germany
ISBN: 978-3-656-68077-2

Dieses Buch bei GRIN:

http://www.grin.com/de/e-book/275138/das-argument-der-geschichte-ueberlegun-
gen-zum-gegenwaertigen-standort

GRIN - Your knowledge has value

Der GRIN Verlag publiziert seit 1998 wissenschaftliche Arbeiten von Studenten, Hochschullehrern und anderen Akademikern als eBook und gedrucktes Buch. Die Verlagswebsite www.grin.com ist die ideale Plattform zur Veröffentlichung von Hausarbeiten, Abschlussarbeiten, wissenschaftlichen Aufsätzen, Dissertationen und Fachbüchern.

Besuchen Sie uns im Internet:

http://www.grin.com/

http://www.facebook.com/grincom

http://www.twitter.com/grin_com

Zusammenfassung des Textes

„Das Argument der Geschichte. Überlegungen zum gegenwärtigen Standort der
Geschichtswissenschaft" von Lothar Gall

Bibliographische Angabe:

Gall, Lothar: Argument der Geschichte. Überlegungen zum gegenwärtigen Standort der
Geschichtswissenschaft; in: HZ 264 (1997), S.1-20.

Publiziert in: Historische Zeitschrift Band 264 (1997)

Kurze Autorinformationen:

Lothar Gall (1936 in Lötzen, Ostpreußen geboren), ist deutscher Historiker. Nach der
familiären Flucht 1944 und dem Verlust seines Vaters im Laufe des Krieges, erhielt er seinen
Schulabschluss an der renommierten Schule „Schloss Salem". Danach begann er, brechend
mit einer Tradition der Familie des rechtswissenschaftlichen Studiums, an der Ludwig-
Maximilians-Universität in München Geschichte, Romanistik und Germanistik zu studieren.
Nach zahlreichen Universitätswechseln und als mehrmaliger Stipendiat wurde er auf dem
Höhepunkt seiner Karriere 1968 Professor der Justus-Liebig-Universität in Gießen,
anschließend an der FU in Berlin, weitere Universitäten folgten. Als Herausgeber der
Historischen Zeitschrift zählt zu seinem Werk u.a. die erste Biographie Bismarcks
(„Bismarck. Der weiße Revolutionär", 1980). Außerdem war Gall im Vorsitz des Verbands
der Historiker in Deutschland. Zu seinem weitgefächerten Spezialgebiet zählt u.a. die
Sozialgeschichte des Bürgertums, Geistesgeschichte des 19. Und 20. Jh., Bismarck-
Forschung, europäischer Liberalismus etc. Ausgezeichnet ist Gall unteranderem mit dem
Gottfried-Wilhelm-Leibnitz-Preis der DFU, dem großen Bundesverdienstkreuz und dem
Balzan-Preis für Geschichte.

Textzusammenfassung:

Eingeleitet wird der Textausschnitt anhand der nicht nur zur Zeit der Etablierung der
Geschichtswissenschaft als Disziplin (18./19.Jh.) aktuellen Frage „Wozu noch Historie?".
Das alte, in der Aufklärung entwickelte Argument eindimensionaler, einheitlicher und
sinnerfüllender Geschichte, die Handlungsanleitung für die Gegenwart und Zukunft ebenso
wie den „inneren Charakter der Geschichte"(S.4) offenbaren sollte, gilt heute als überwunden
und antiquiert. Trotzdem hatte es die Funktion, Orientierung zu schaffen, die heute laut Galls
These wieder, u.a. durch den Legitimationsdruck durch die modernen Naturwissenschaften
und dadurch gesteigerte Ansprüche an die Geschichtswissenschaft, dringend nötig ist (S.3).
Vor diesem Hintergrund stellt der Autor die Frage, was „wir", also die Historiker/-innen, „zu
bieten" hätten (S.4). Dabei stützt sich Gall erst auf den Historiker Koselleck, dann auf den
Lyriker Benn und schließlich auf Foucault, die unterschiedlicherweise als Negativfolie von
Galls These dienen. Er kommt über die Erläuterung Foucaults Thesen und unter Bezugnahme

von Weber und Kant zu dem Schluss, die Kritik (S.5) sei entscheidendes Element, genauso wie (S.16) das „kulturelle Gedächnis"(S.17) und eine Erweiterung des Gegenstandsbereichs und damit eine Öffnung der Geschichtswissenschaft hin zur „historischen Kulturwissenschaft" (S.18). Damit begründet er die Aktualität des modifizierten, „neuen" Arguments der Geschichte unter dem Aspekt der Freiheit.

Koselleck stellte auf dem Kölner Historikertag von 1970 folgende These auf: das Ende des Historismus sei gleichzusetzen mit dem Ende der Geschichtsphilosophie und damit des alten Arguments. Die historisch-kritische Methode aber habe genauso wie die einzelnen Disziplinen den Historismus überdauert und sei somit Zeichen der geschichtlichen „Ideologieunabhängigkeit" (S.4). Erstere garantierte laut Gall die Trennung von Geschichte und Geschichtsphilosophie und verfeinerte das Kritikpotential von Geschichtswissenschaft durch Relativierung, die von Max Weber später im Text als bedeutungs- und wertneutral deklariert wird und die, besonders für die Naturwissenschaften wichtige, Ordnungsvorstellungen schaffe (S.11). Popper bezeichnete diese Fähigkeit als „Falsifizierungskapazität" (S.5). Als Beispiel werden die Auflösung der Begriffe der „Klasse" und der „Nation" (S.4) als geschichtsphilosophische Begriffe herangezogen, die dennoch weiterhin Bedeutung für die Betrachtung von modernen Gesellschaften dienen. Grenzen der „Falsifizierungskapazität" zeigen sich allerdings darin, dass sich viele Wissenschaftler zu Gunsten ihrer eigenen Theorie der „Inkongruenz"(S.5) der Geistes- und Sozialwissenschaftlichen Theorien bereichern. Dieses Bedürfnis sei laut Gall einerseits wissenschaftlich und andererseits allgemein mit dem aufklärerischen Zeitalter zu begründen, seit dem man versucht, positiv zu erklären, anstatt negativ zu wiederlegen. Die Antwort auf die gestellte Frage, was „man" denn zu bieten hätte, findet sich also in der Kritik (Nietzsche, Schopenhauert etc., S. 5) der Geschichtswissenschaft als zentrale Disziplin.

Ähnlich wie Koselleck dokumentiert Benn die Ablösung der Geschichte von der Geschichtsphilosophie (S.7) und damit vom alten Argument der Geschichte in der ersten seiner durchlaufenen Stationen. Innerhalb der zweiten Station stigmatisiert er allerdings, nachdem er zwischenzeitlich abdriftete, den vieldiskutierten Sinn von Geschichte als „Bewusstseinsphänomen" in vielfältiger Gestalt (S.8). Geschichte sei perspektivistisch begrenzt, regulativ, vom Historiker abhängig und damit an den jeweiligen Individualitätscharakter (S.8) gebunden.

Aus den daraus resultierenden, vielseitigen Faktoren wird im Folgenden vom Autor einer genauer berücksichtigt, nämlich die „genealogische Geschichtsschreibung" (S.9) von Foucault der 1960er Jahre. Dieser kritisierte den „Monolog" der damaligen Zeit, also die illusionär aufrechterhaltene, laut ihm „falsche" (S.9), konstruierte Kontinuität der Geschichte und damit ihre Eindimensionalität. Auch heute gibt es noch eine deutliche Resonanz, so Gall, auf Foucaults Idee des Historikers als „Archäologen" (S.10), der eine „Geschichte der Grenzen" (S.10) schreiben sollte. Dies ist laut Gall der Beweis, dass das Argument der Geschichte durchaus noch gegenwärtig ist, allerdings modifiziert: Es gehe um die Einheit in der Geschichte, allerdings um den Menschen als Erkenntnisobjekt. Dabei bleiben zwar Aussagen nie generalisierbar, ontologisch und essentialistisch gültig, doch umso mehr präsentiert sich als Chance für das Auge des Historikers eine differenzierte Einsicht über das menschliche Verhalten, die Gemeinschaften genauso wie Einzelner unter unterschiedlichen Voraussetzungen, die wiederum Grundlage des „kulturellen Gedächtnisses" darstellen. Letzteres zu erforschen und darzustellen sei zentrale Aufgabe der modernen Geschichtswissenschaft, welche einer Erweiterung zur „historischen Kulturwissenschaft" (S.18) bedürfe. Sie beschreibt und analysiert den ganz und gar nicht statischen Prozess der Selbstdefinition des Menschen auf historischen Weg. Der Textausschnitt schließt mit der Feststellung, dass ein Argument der Geschichte heute nur noch Sinn macht, beschäftigt man sich mit der Ordnung der Freiheit und der Freiheit der Ordnung die zu Entwicklung und Entfaltung führten/ führen; heißt: Beschäftigung mit Menschen und deren Kulturen.